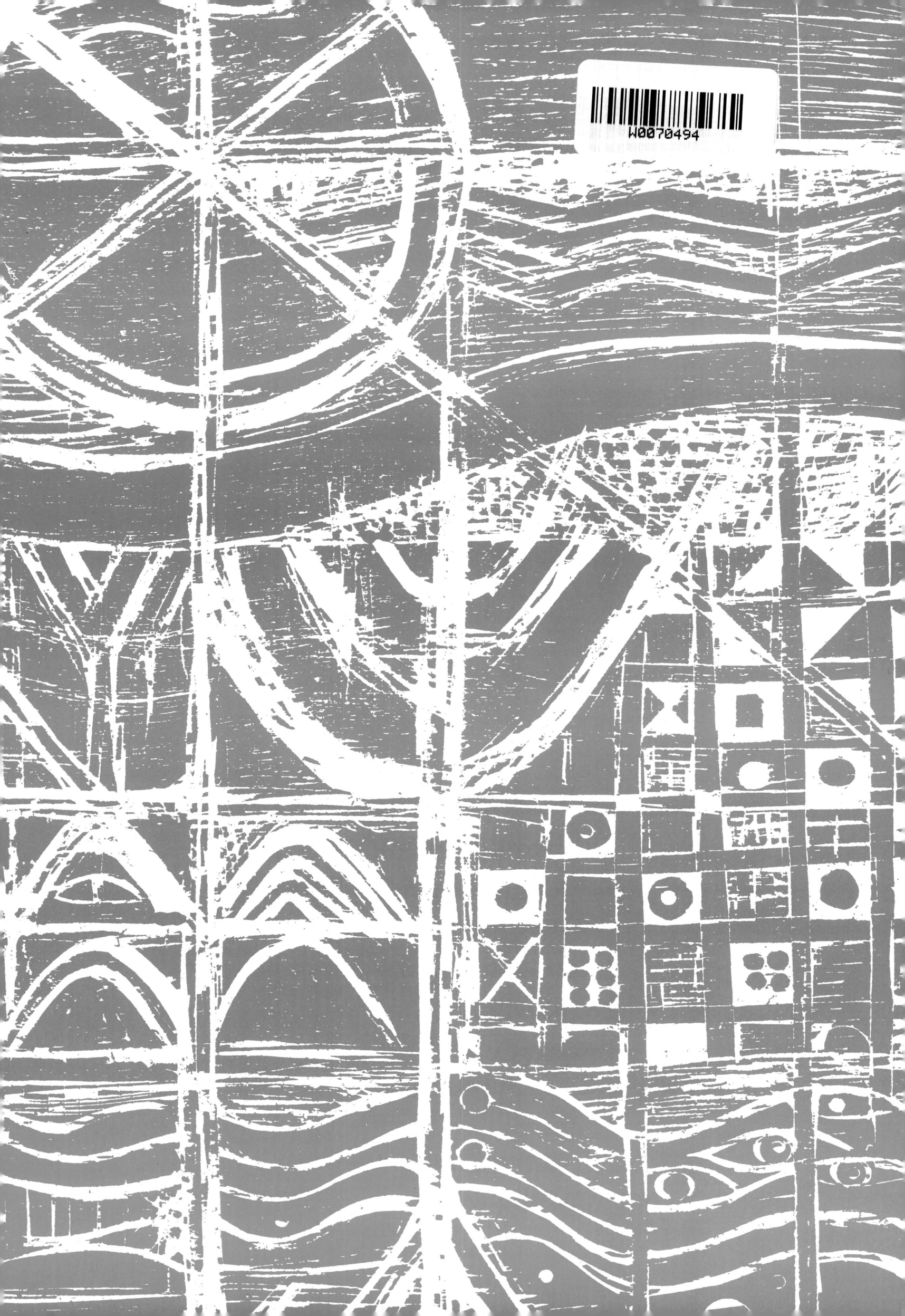

KREUZSCHNABEL

KREUZSCHNABEL

12 FARBIGE HOLZSCHNITTE UND VIGNETTEN
VON ANDREAS FELGER
TEXTE VON MANFRED SIEBALD

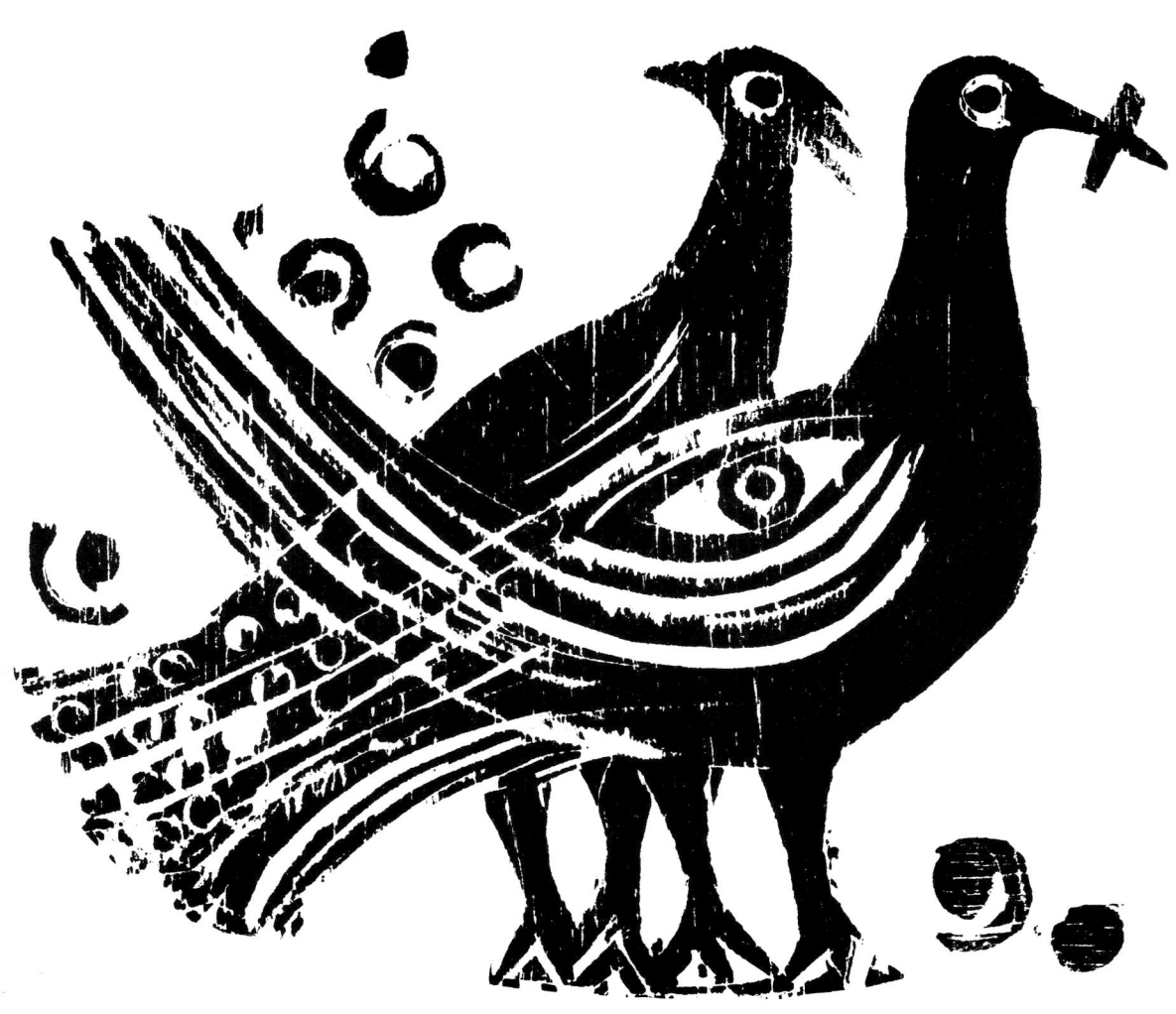

PRÄSENZ-VERLAG

PRÄSENZ-GALERIE

R. BROCKHAUS VERLAG

© 1983 Präsenz-Verlag der Jesus-Bruderschaft, Gnadenthal
und Präsenz-Galerie-Edition, Bad Camberg
Koproduktion R. Brockhaus Verlag, Wuppertal
Farbholzschnitte und Vignetten von Andreas Felger, Bad Camberg
Texte von Dr. Manfred Siebald, Mainz
Alle Rechte an den Texten von Dr. Manfred Siebald
beim Verlag Friedrich Hänssler, Neuhausen-Stuttgart
Alle Rechte vorbehalten
Typographie Alfred Mutschler, Villingen-Schwenningen
Satz und Druck Ludwig Probst, Villingen-Schwenningen
Offsetfarbreproduktionen Scan-Repro H. Jaenecke, Dauborn
Buchbinderarbeit Ernst Riethmüller & Co GmbH, Stuttgart
ISBN 3-87630-498-9 Präsenz
ISBN 3-417-24304-1 Brockhaus

INHALT

BILDTITEL

EIN WORT ZUM BUCH

»Denn die Liebe verlieren: das ist dein Tod« (Aurelius Augustinus).

Andreas Felger und Manfred Siebald legen neue Holzschnitte und Lieder vor.

Andreas Felger und Manfred Siebald haben sich verbündet, Bilder gegen den Tod und Lieder für das Leben zusammenzufügen.

Andreas Felger und Manfred Siebald wollen so gemeinsam dem Verlust an Liebe entgegenstehen, indem sie unserem Auge und Ohr – und also unserem Herz und Leben – den Gewinn der Liebe preisen. Sie haben sich zu einer neuen ausdrucksstarken Geste mit Hand und Mund, Holzschneiderei und Gedichten, vereinigt, um ihre Kunst dies künden zu lassen:

> Die Liebe verlieren: das ist Dein Tod
> Die Liebe gewinnen: das ist Dein Leben.

Andreas Felger legt neue Bilder vor: aus Holz herausgeschnitten, nein: zunächst herausgesehen, herausgeschaut, herausgeformt und uns sichtbar gemacht; genau wie die Liebe, von der er immer neu erzählen will, aus dem Urgrund des Herzens Gottes für jeden von uns herausgesehen, herausgeschaut, hervorgeglaubt und so sichtbar gemacht werden will. Und weil die Liebe Hand in Hand geht mit der anderen Frucht des Geistes, der Freude (Gal. 6,22), gehört zur einfachen materia des Holzes unabdingbar die forma der Farbe: Vielfalt, Überraschung und Fröhlichkeit vermittelnd.

Ähnlich und doch anders Manfred Siebald: auch er wird bewegt von der einen umfassenden Liebe, die wir Christen in Gott erkennen, und die der Dichter Siebald in der materia des Wortes, ja selbst einzelner Wörter entdeckt. Und wie A. Felger, der diese Liebe gewissermaßen herausschneidet und – sieht, so M. Siebald, der sie aus dem Wort-Grund, dem Logos, heraushört, sodann heraushebt und uns hörbar macht.

> Dann geschieht es.
> Gottes Hilfe kommt mit der Nacht.
> Man sieht es:
> Was wir brauchen, hat er gebracht.
> Und nach dem Zweifeln und Murren und Schrein
> stimmt jeder stumm in die Bitte mit ein:
> Laß doch mein Vertraun größer sein.

Und auch bei dieser nach-schöpferischen Arbeit tritt zur Wort-Materie die neue Form. Und damit meine ich jetzt weniger die Metrik, den Reim, das formal Überraschende. Sie sind reichlich da. Ich meine jetzt einmal den von der Wort-Form gefaßten Inhalt: die Farbe, das Bunte, das Erfreuliche, das herzerquickend Fröhliche, eben die Freude. Sie durchzieht Siebalds Lieder, seien sie nachdenklich ernst, seien sie heiter-fröhlich.

»Fröhlichkeit kennt keine Scheidung nach Leib und Seele«, predigte einmal Leo der Große. Und daher ist es nur zu verständlich, wenn Siebalds Verse und Wort-Bilder Seele und Leib, Geist und Körper ergreifen und unser Gesicht fröhlich verändern: fröhlicher Humor ist – dem Wortsinn gemäß – feuchte Erde (Humus) für vertrocknete Seelen.

> Ich will dir treu sein, wie mein alter Schirm mir treu ist.
> Wenn er auch nicht mehr ganz neu ist, läßt er mich doch
> nicht im Stich.
> Sollt ich als Schirm nach vielen Jahren nichts mehr nützen,
> mit rost'ger Krücke, ausgefranst und halbverdreht,
> nun gut, dann bleiben wir halt beide ruhig sitzen,
> weil über uns ja noch der Schirm des Höchsten steht.

Also doch kein Wunder, daß beide, Siebald aus dem nördlichen und Felger aus dem südlichen Deutschland, sich getroffen und gefunden haben.

Beide sind gepackt worden mit Leib und Leben von jener Kraft, die der Hl. Johannes Chrysostomus so faßt: »Die Liebe geht bei Gott allem voran«. So ist es zwar selten, aber keineswegs seltsam, wenn zwei Künstler sich so innig treffen, daß Wort und Bild sich zusammenschließen wie nur Schlüssel und Schloß. Den Grund dazu meine ich aufgezeigt zu haben.

> Singt das Lied der Lieder von dem Herrn der Herren.
> Gebt ihm eure schönsten Melodien.
> Singt es immer wieder, spielt es ihm zu Ehren.
> Gebt das Beste, was ihr habt, für ihn.

Abschließend: Manfred Siebald möge man zu den »Intellektuellen«, Andreas Felger zu den »Handwerklichen« zählen, aber beide haben sich – auch mit diesem Buch – auf einen Weg gemacht: auf den Weg aus dem Tod ins Leben, aus der Verstrickung ins Licht, aus dem Dunkel in Freude und Farbe. Es geht beiden um Gott, glaubhaft in Jesus, hörbar in dessen Stimme, sichtbar in dessen Gemeinde. Und so singen sie malend und dichtend – ein fürwahr seltenes Duett – von Liebe und Umkehr, Rettung und Verlust und schlußendlich vom getrösteten Tod und von Gottes liebender Freundlichkeit im eucharistischen Mahl.

Zwei Menschen heutiger Kunst setzen in diesem Buch ihre ausgeprägten Gaben ein, um das Beste, das ihnen Mögliche zu tun. »Es ist nämlich unmöglich, die Natur Gottes ganz zu erforschen, aber es ist möglich, Gott auf Grund seiner sichtbaren Geschöpfe Lobpreisungen emporzusenden« (Cyrill von Jerusalem).

Liebe und Freude sind zu Gott emporgesandte Lobpreisungen gegen den Tod und für das Leben. Für unser Leben. Unser Leben aus Gott.

Wolfgang Schöne

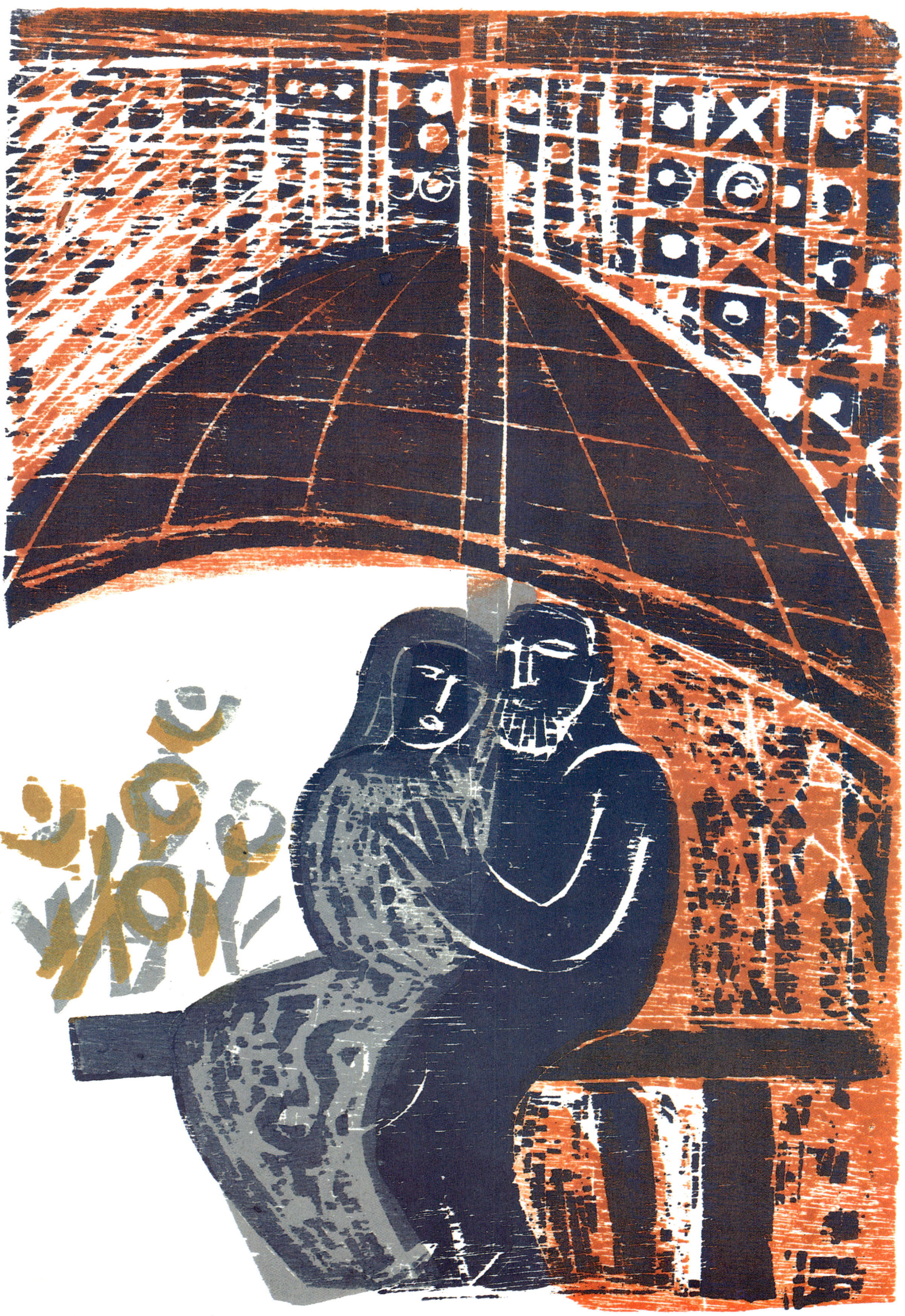

1

ICH WILL DIR TREU SEIN (CHRISTINE ZUR HOCHZEIT)

Ich will dir treu sein, wie mein alter Schirm mir treu ist.
Wenn er auch nicht mehr ganz neu ist, läßt er mich doch
    nicht im Stich.
Kommt vom Westen her mir Regen und vom Osten Schnee
    entgegen,
trotz ich allem kühn-verwegen, denn mein Schirm
    beschirmet mich.
Oh yes.

Wer zählt die Flure, die Abteile,
wo ich ihn schmählich schon vergaß?
Doch meistens währte es nur eine Weile,
bis ich ihn irgendwo im Fundbüro auflas.
Will ihn ein Dieb mir frech entwinden,
so geb ich nach mit heitrem Blick.
Soll er die Macken doch alleine finden;
dann bringt er ihn von selbst zurück.

Dein alter Schirm an Regentagen,
wenn dir der Wind des Lebens durch die Locken bläst,
das will ich gerne sein, doch du mußt mich auch tragen.
Du wirst nicht trockener, wenn du mich hängen läßt.
Und sollt mir je zu Kopfe steigen,
daß ich ein wenig höher schweb als du,
dann kannst du mir ja meine Grenzen zeigen:
dann hol mich runter, und dann klapp mich einfach zu.

Sollt ich als Schirm nach vielen Jahren nichts mehr nützen,
mit rostger Krücke, ausgefranst und halbverdreht,
kannst du doch deine alten Glieder auf mich stützen
und kannst gestützt mich tragen, bis es nicht mehr geht.
Nun gut, dann bleiben wir halt beide ruhig sitzen,
weil über uns ja noch der Schirm des Höchsten steht.

Wie soll ich, Liebste, dir nur meine Liebe recht beschreiben?
Auch dieser Brief wird, fürchte ich, nur kalt und farblos
      bleiben.

Ach könnte ich dich nur einmal aus einem brennenden
      Haus befreien,
aus tosender Lava dich reißen, wenn rings auch hundert
      Vulkane speien,
dein schwankendes Schifflein aus brodelnder Brandung
      ans rettende Ufer führen
und im rasenden Fluge aus schwindelnder Höhe den
      Fallschirm dir rasch reparieren!

Wie soll ich, Liebste, dir nur meine Liebe recht beweisen?
Am liebsten würde ich für dich rings um die Erde reisen.

Ich würde für dich barfüßigen Schritts durch glühende
      Wüsten marschieren
und um deinetwillen im ewigen Eis auf einer Scholle
      erfrieren.
Für dich würde ich mich glatt in die dünne Luft des
      Himalaja wagen
und die feuchte Hitze der fiebrigen Sümpfe am Amazonas
      ertragen.

Ich muß jetzt leider schließen, Liebste, denn es ruft die
      Pflicht.
Bis Samstag dann, im Park. Vorausgesetzt, es regnet nicht.

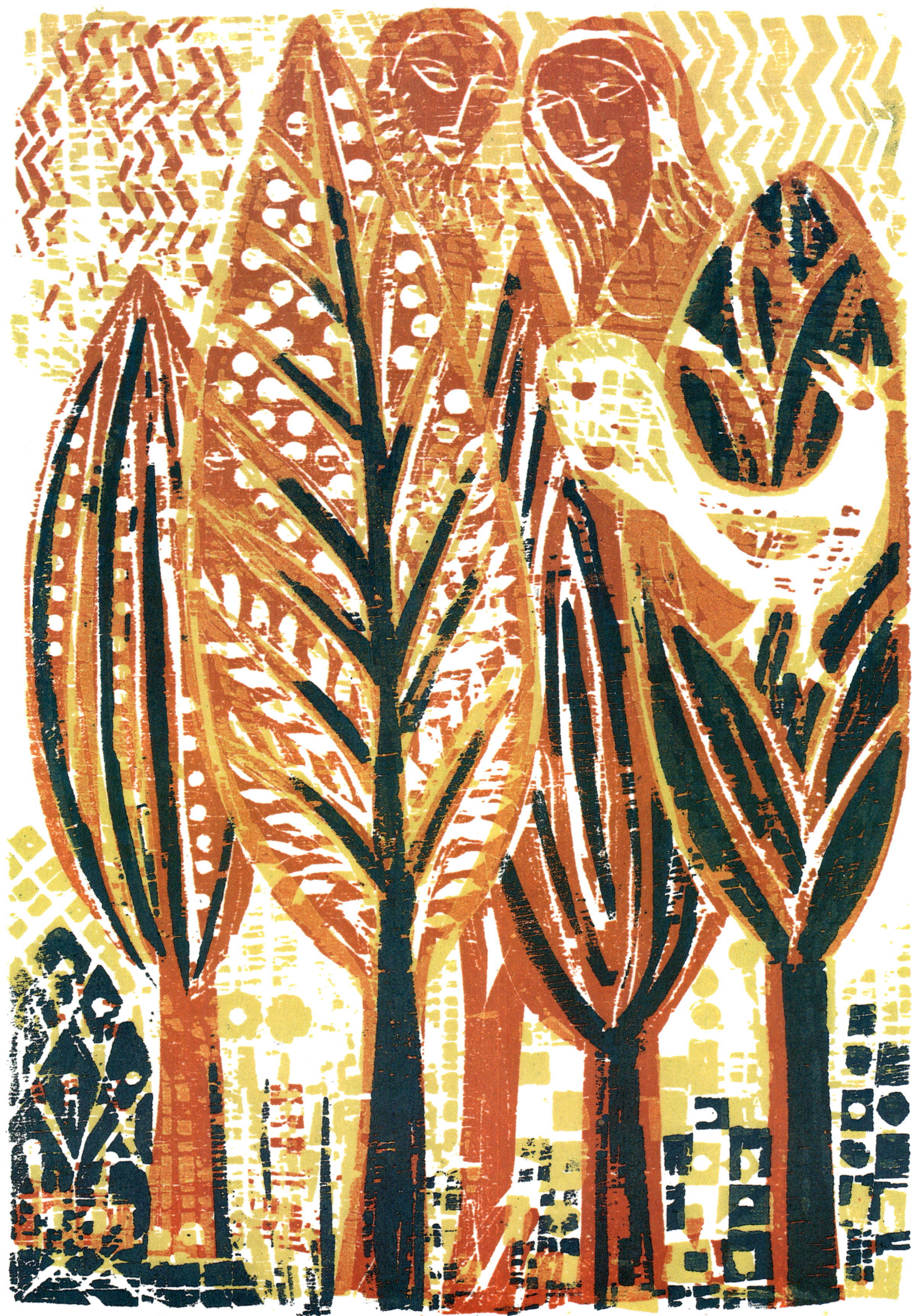

MANCHMAL IM SOMMER

Manchmal im Sommer, wenn über den Dächern
die Luft in der Sonne zu zittern beginnt,
und wenn aus tausend geöffneten Fenstern
der gleiche Strom von Akkorden rinnt;
wenn jener Geruch von Asphalt und Jasmin
in den stillen Straßen der Vorstadt hängt
und wenn auf jedem grünenden Flecken
eine lärmende Traube von Menschen sich drängt –
dann träum ich vom Winter und denk an die Zeit,
wenn die Luft wieder klar ist und die Stadt liegt verschneit.

Manchmal im Winter, wenn mich in den Straßen
der Frost in die Taschen des Mantels beißt
und wenn mein Atem mir wie eine Wolke
den Weg durch den Schnee und die Eisblumen weist;
und wenn an anderen, trüberen Tagen
meine Jacke sich gierig voll Nebel saugt,
als sei sie vom Sommer noch durstig, als hätten
die Stürme des Herbstes sie ausgelaugt –
dann träum ich vom Sommer und singe ein Lied
von der Zeit, wenn der Busch vor dem Haus wieder blüht.

Sommer und Winter – ich freu mich auf beide,
wenn ich nur weiß: du teilst sie mit mir.
Kann ich den Winter im Sommer nicht haben,
hab ich doch Sommer und Winter in dir:
Wärme des Sommers und blühende Fluren,
ein Lachen, daß es mir das Denken verschlägt;
Kühle des Winters und Schnee ohne Spuren
und Eis, das an neue Ufer mich trägt.
Und ich hör auf zu träumen von dem, was nicht ist,
und hab Zeit, mich zu freuen, daß du bei mir bist.

Zärtlich sind deine Hände
und fest, und die Blumen
sehn irgendwie froh aus, wenn du sie berührst;
denn du kennst ihre Namen
und weißt, was sie brauchen,
und sie spüren die Liebe, die du für sie spürst.

> Früher war ich wohl traurig,
> daß ich all das nicht konnte –
> und beschlich mich auch manchmal so etwas wie Neid,
> freun mich jetzt deine Gaben,
> als wären es meine,
> weil ich weiß, daß wir längst schon ein Mensch sind –
> zu zweit.

Du scheinst schon die Düfte
zu riechen, die Farben
zu sehn, wenn du Zwiebeln und Knollen vergräbst.
Und das Spätjahr ist auch noch
ein Teil deines Festes,
wenn du farbige Blätter vom Boden aufhebst.

Wär mein Daumen so grün wie
der deine und wüßte ich
Namen und Zeiten von Blumen und Gras,
könnt ich dir doch vielleicht
dieses Lied gar nicht singen,
denn dies gibt Gott einem, dem anderen das.

> Früher war ich wohl traurig,
> daß ich all das nicht konnte –
> und beschlich mich auch manchmal so etwas wie Neid,
> freun mich jetzt deine Gaben,
> als wären es meine,
> weil ich weiß, daß wir längst schon ein Mensch sind –
> zu zweit.

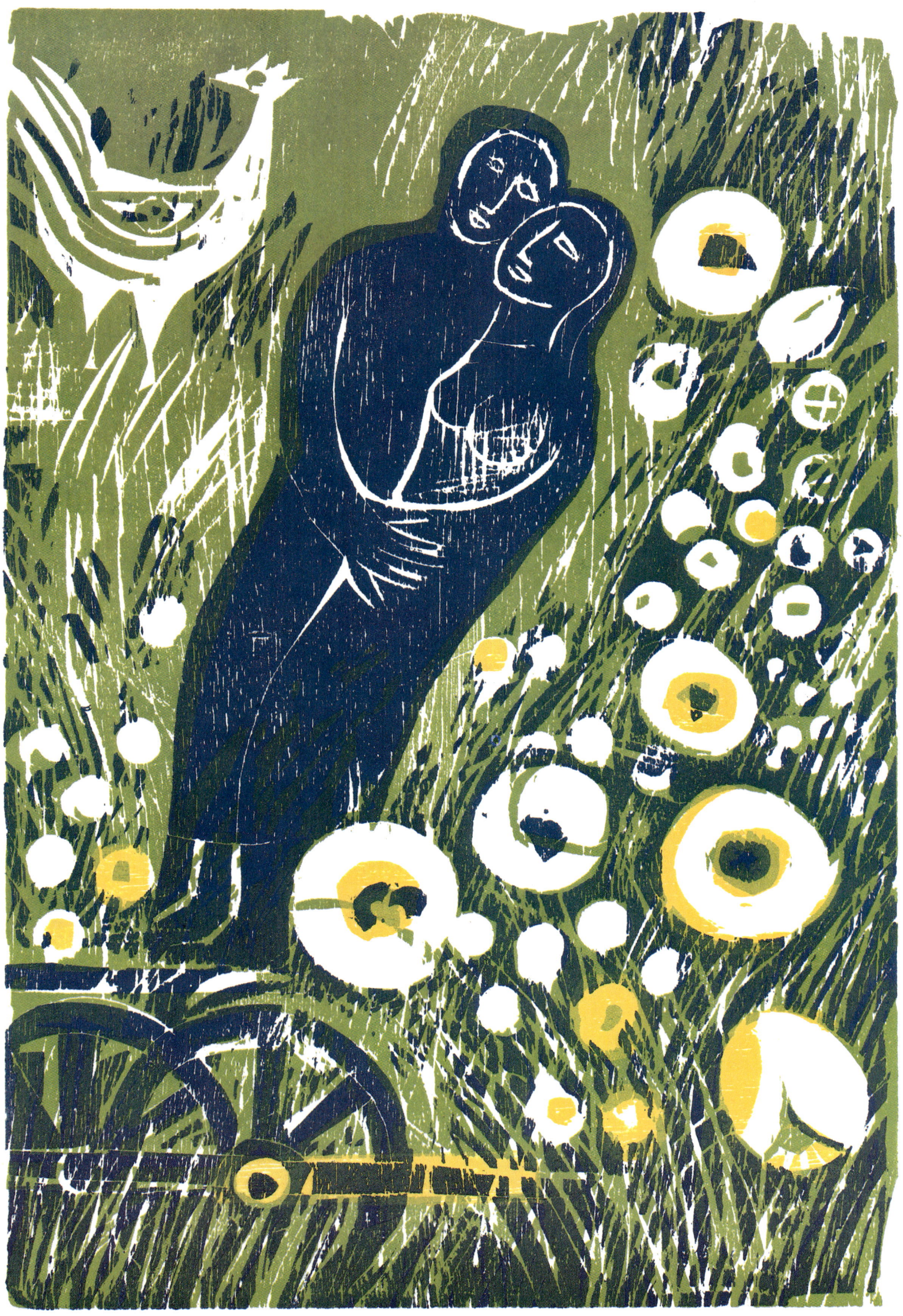

Es roch nach Winter, als sich unsre Blicke trennten,
und wie ein Nebel flog dein Ruf mir hinterher.
Jetzt ist es kalt; es greift der Wind nach meinen Händen.
Ich schließ das Fenster – du siehst mich ja doch nicht mehr.
Und während unter mir im Takt die Achsen schlagen,
hauch ich verträumt und stumm die Fensterscheiben blind
und such nach ein paar Bildern aus den letzten Tagen,
die wieder viel zu schnell vorbeigegangen sind.

Die kleine Ente an dem Teich, an dem wir standen –
hat sie nicht plötzlich deine Augen, dein Gesicht?
Ich glaub, all das, was wir gemeinsam sahn und fanden,
verwandelt sich in der Erinnerung in dich.
Zu deinem Lachen wird das Laub der Vorstadtstraßen,
das leise raschelte bei jedem Schritt und Tritt,
und bei den Kindern, die dort auf der Mauer saßen,
spielst du im bunten Kleid und kurzen Zöpfen mit.

Ich tauch noch einmal in das Meer der Leuchtreklame,
wo jedes Dach ein andres Wort ins Dunkel schreibt;
doch was ich lese, das ist immer nur dein Name,
der mir in bunten Lettern im Gedächtnis bleibt.
Wo tote Puppen prunkvoll hinter Fenstern stehen,
mit starrem Blick, der sich nicht freut an seidner Pracht,
da kann ich deinen Blick im Glas sich spiegeln sehen
und deine Ohren, die die Freude leuchten macht.

Es roch nach Winter, als sich unsre Blicke trennten.
Ich sah nur noch das Meer von Häusern um mich her,
fuhr noch ein paarmal durch die Luft mit leeren Händen,
als suchten sie dich dort und fänden dich nicht mehr.
Doch eines hab ich unterdessen neu verstanden:
es bleibt viel mehr als eine leere Hand für mich,
denn alles das, was wir gemeinsam sahn und fanden,
verwandelt sich in der Erinnerung in dich.

Zwei Räder in einer Maschine,
zwei Seiten in einem Buch,
zwei Gläser in einer Vitrine,
zwei Fäden in einem Tuch –
so ist es wohl immer,
so muß es wohl sein.
Doch mir fällt bei euch beiden
noch was Besseres ein:

> Ein Ton auf zwei Saiten,
> auf zwei Münzen ein Bild,
> ein Wein in zwei Gläsern
> und eine Hand, die beide füllt.

Zwei Kühe vor einem Wagen,
zwei Äste an einem Baum,
zwei Knöpfe an einem Kragen,
zwei Türen zu einem Raum –
so ist es wohl immer,
so muß es wohl sein.
Doch mir fällt bei euch beiden
noch was Besseres ein:

> Ein Ton auf zwei Saiten,
> auf zwei Münzen ein Bild,
> ein Wein in zwei Gläsern
> und eine Hand, die beide füllt.

Zwei Schnitzel in einer Pfanne,
zwei Blumen in einem Topf,
zwei Reifen in einer Panne,
zwei Beulen an einem Kopf –
so ist es wohl immer,
so muß es wohl sein.
Doch mir fällt bei euch beiden
noch ein anderer ein:

> Ein Ton auf zwei Saiten,
> auf zwei Münzen ein Bild,
> ein Wein in zwei Gläsern
> und seine Hand, die beide füllt.

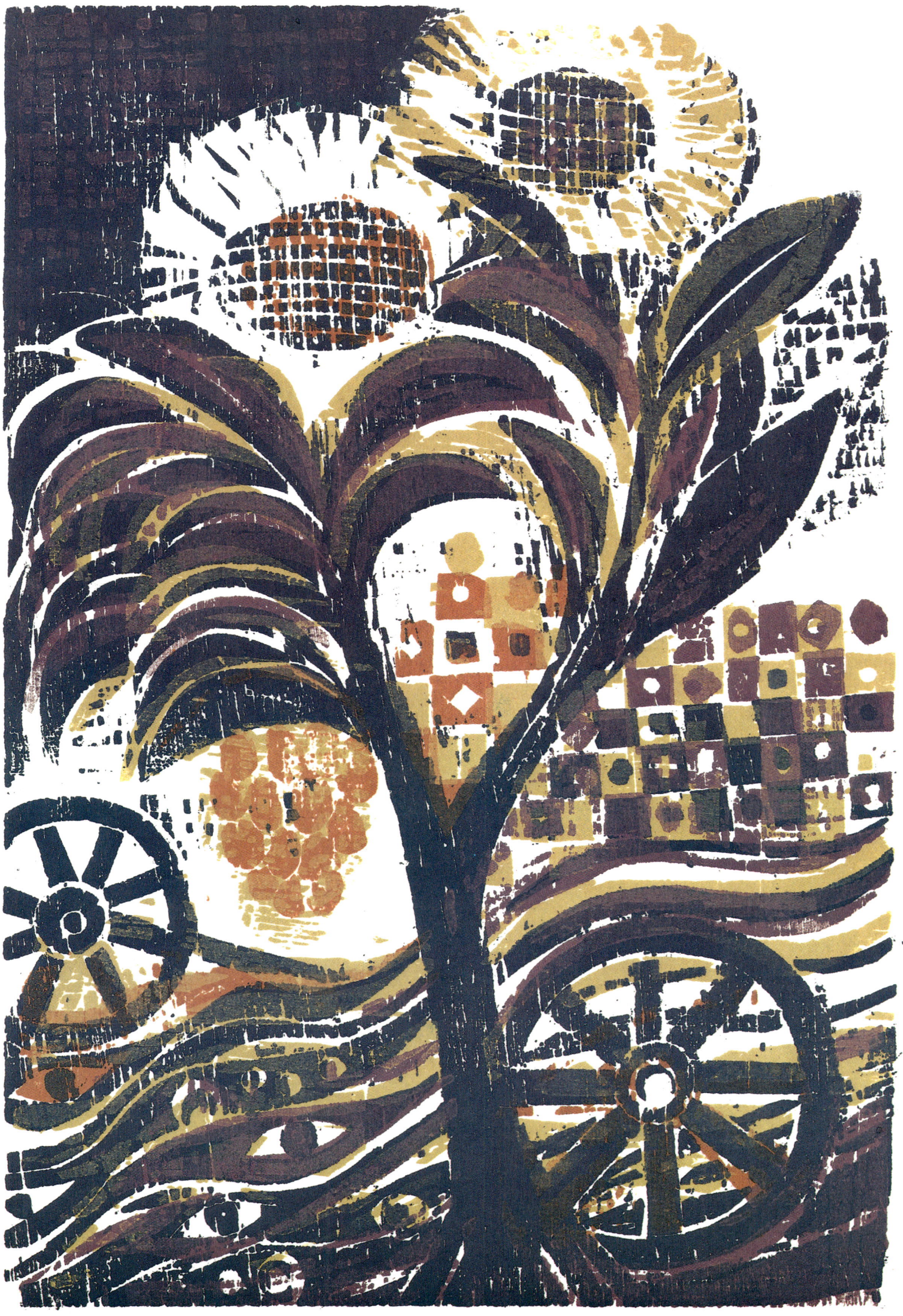

Mein lieber Jakob, komm, setz dich her
und laß uns mal so tun, als ob das möglich wär.
Und ich will dir erzählen, wie es mir so geht,
denn ich weiß ganz genau, daß Jakob mich versteht.

Ich hab gelesen, daß du sieben lange Jahre
gewartet hast, bis man dir deine Rahel ließ.
Die Zeit verging – es wuchsen dir schon graue Haare;
du warst geduldig, hast geschafft, wie man dich hieß.

Komm, Jakob, sag mir, woran das lag;
für dich war jedes Jahr kurz wie ein Tag.
Verrat mir bitte doch mal, wie das möglich war.
Für mich ist jeder Tag ein ganzes Jahr.

Dabei muß ich noch nicht mal meine Frau bezahlen,
das heißt, vielleicht ist gerade das die Schwierigkeit,
und alles Warten würde mir viel leichter fallen,
wenn ich zu schuften hätte wie du seinerzeit.

Mein lieber Jakob, wie dem auch sei –
ich seh wohl später manches Gute auch dabei:
Sei es die Freude, die noch vor der Freude liegt,
sei es die Zeit, die krumme Wünsche gradebiegt.

Ich werde warten, seis auch nur, um zu beweisen,
daß meine Liebe sich nicht an dem Warten stört.
Und sollt es dauern, bis ich anfang zu vergreisen –
mein Mädchen wär mir mehr als sieben Jahre wert.

Mein lieber Jakob, wie gut das tat,
nur mal zu tun, als holte ich mir deinen Rat.
Jetzt denk ich dran, wenn die Geduld mir fast erschlafft:
Der Herr, dem du gehörtest, gibt auch mir die Kraft.

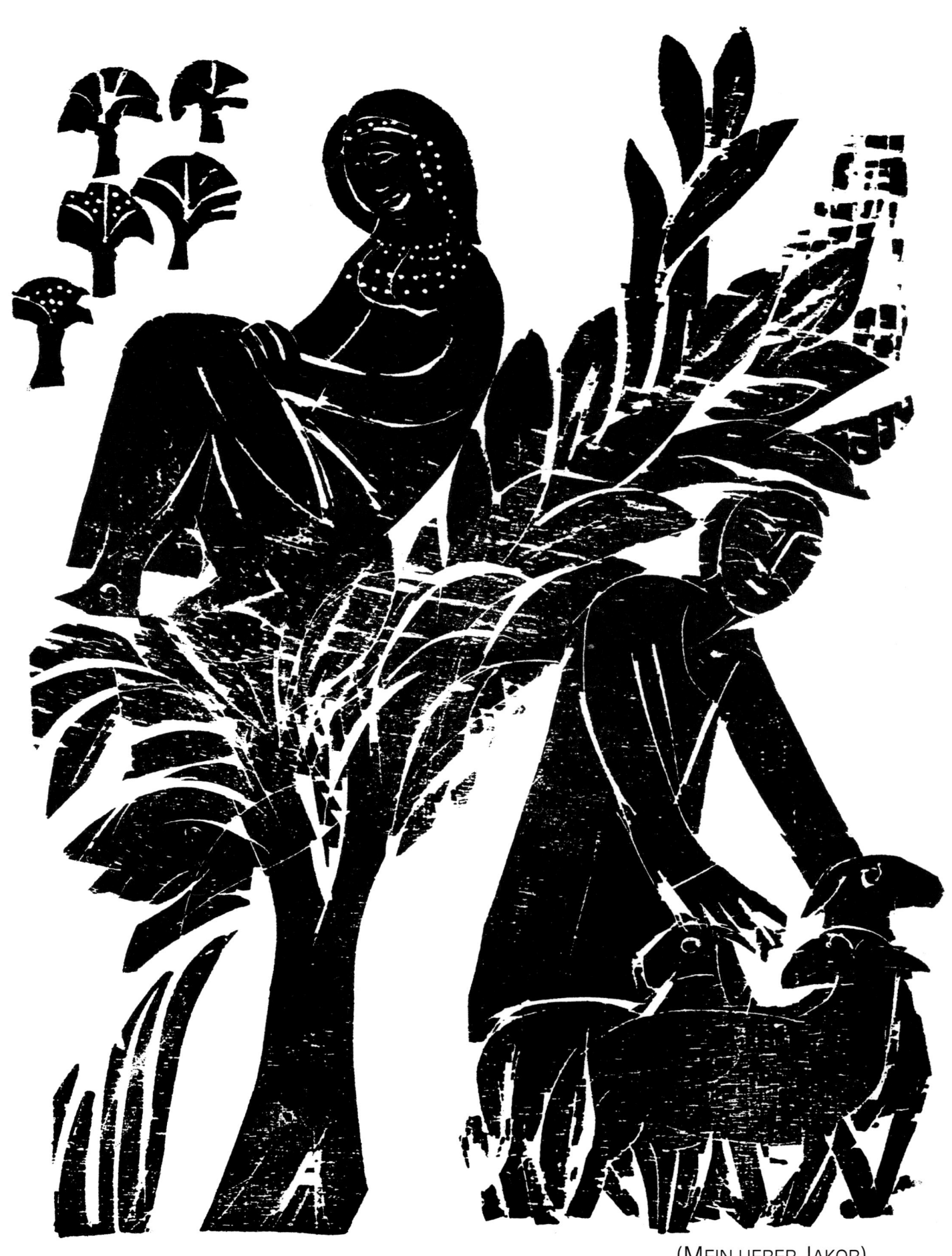

(Mein lieber Jakob)

2

DANN GESCHAH ES

Hungrig und müd saßen wir da,
zwischen den Zähnen nur Zorn.
Augen voll Sand, wohin man sah –
was hatten wir dort verlorn?
»Wär ich nur zu Hause geblieben, ich Narr!«
so murrte mein Freund neben mir.
»Ich hätte doch besser gelebt, wo ich war,
wär schöner gestorben als hier.«

Dann geschah es.
Vögel zogen auf mit der Nacht.
Man sah es:
Hilfe hat Gott uns gebracht.
Und in der Stille, als keiner mehr sprach,
hallten nur unsre Flüche noch nach.
Wie ist mein Vertraun doch so schwach.

Hitze am Tag, Frost in der Nacht –
Füße und Kreuz wurden schwer.
Wer hatte uns dorthin gebracht?
Wer führte uns hin und her?
»Ihr Leute, kehrt um«, rief einer von hinten,
die mageren Fäuste geballt.
»Ihr rennt ins Verderben. Laßt uns hier verschwinden.
Man wird in der Wüste nicht alt.«

Dann geschah es.
Vögel zogen auf mit der Nacht.
Man sah es:
Hilfe hat Gott uns gebracht.
Und in der Stille, als keiner mehr sprach,
hallten nur unsre Flüche noch nach.
Wie ist mein Vertraun doch so schwach.

Noch sind wir hier, laufen gebückt –
noch sind wir nirgends zuhaus.
Gott macht uns satt, und was er schickt,
reicht für den Weg gerade aus.
Wir hätten gern heut schon genug in der Hand,
um einen Tag mehr oder zwei
ganz sicher zu sein; doch wir haben erkannt:
Gott hilft uns an jedem Tag neu.

Dann geschieht es.
Gottes Hilfe kommt mit der Nacht.
Man sieht es:
Was wir brauchen, hat er gebracht.
Und nach dem Zweifeln und Murren und Schrein
stimmt jeder stumm in die Bitte mit ein:
Laß doch mein Vertraun größer sein.

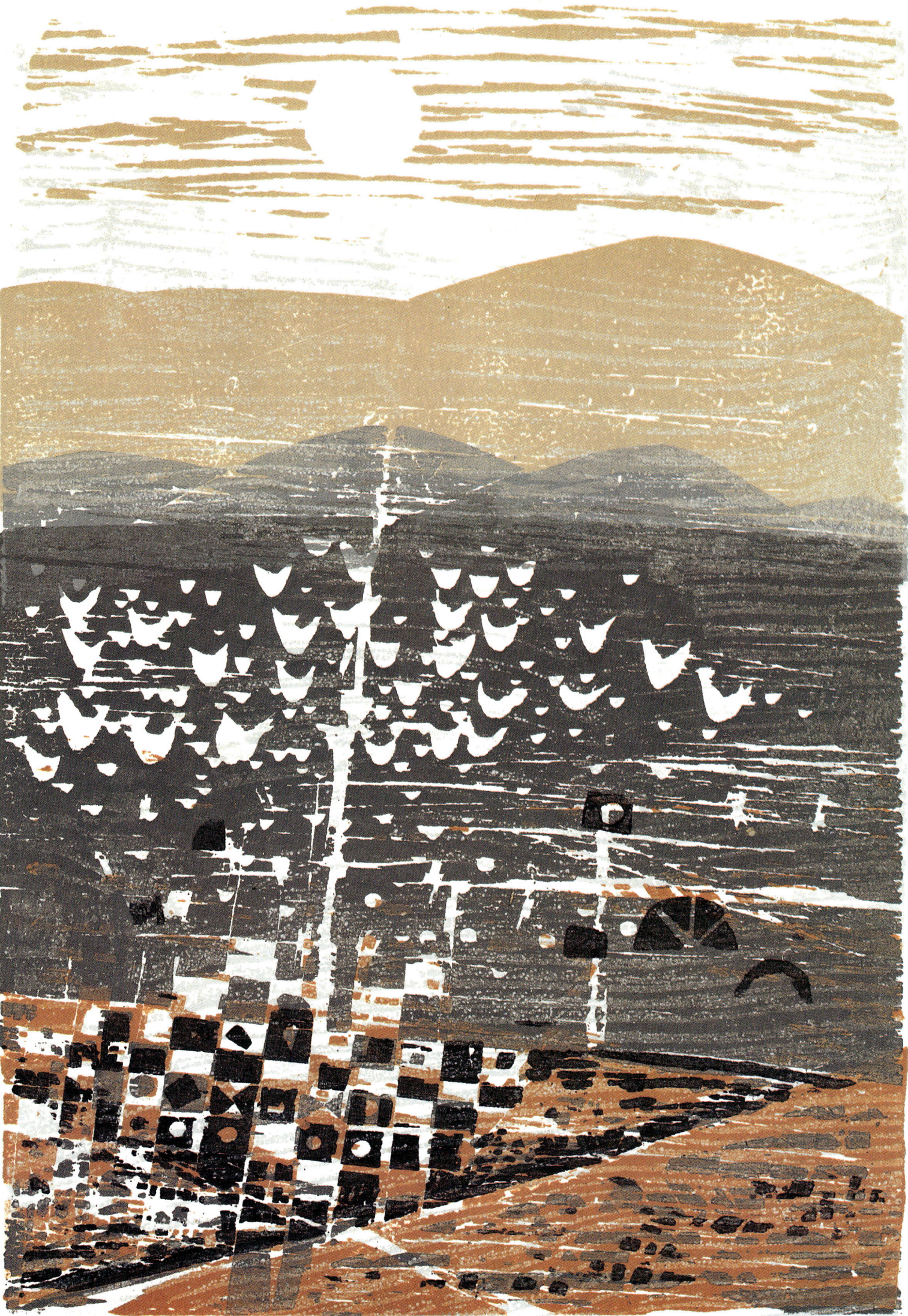

Zehnmal lebenslänglich einsam –
zehnmal Hoffnungslosigkeit;
zehnmal fraß der Aussatz Leib und Seele wund.
Bis dann einer ihnen sagte:
Dieser Jesus ist nicht weit –
der aus Nazareth macht euch vielleicht gesund.

Zehn –
zehn hat er geheilt,
und sie fanden es alle wunderbar.
Zehn –
zehn hat er geheilt,
doch nur einen, der dankbar war.

Und sie schleppten ihre Zweifel,
ihren Glauben wohlverteilt
bis dahin, wo sie von weitem Jesus sahn,
denn der Ruf von seinen Wundern
war ihm längst vorausgeeilt.
Und so riefen sie ihn um Erbarmen an.

Zehn –
zehn hat er geheilt,
und sie fanden es alle wunderbar.
Zehn –
zehn hat er geheilt,
doch nur einen, der dankbar war.

Alle wurden sie gesund, als sie
das taten, was er sprach,
und sie wußten kaum, wohin mit ihrem Glück,
stürzten sich ins volle Leben,
holten, was sie konnten, nach,
und nur einer kam mit seinem Dank zurück.

Zehn –
zehn hat er geheilt,

und sie fanden es alle wunderbar.
Zehn –
zehn hat er geheilt,
doch nur einen, der dankbar war.

Wie oft hab ich schon den Aussatz
meines Lebens ihm gebracht,
mein Versagen, meine Angst und Traurigkeit.
Und genauso oft hat er mich immer wieder rein gemacht,
von den Dingen, die mich quälten, mich befreit.

Zehn –
nein, hundertmal
hat er mit seiner Hilfe mich bedacht,
und
wie oft hab ich
meinen Dank ihm zurückgebracht?

Zehn –
nein, tausendmal
hat er mit seiner Hilfe mich bedacht,
und
wie selten hab ich
meinen Dank ihm zurückgebracht.

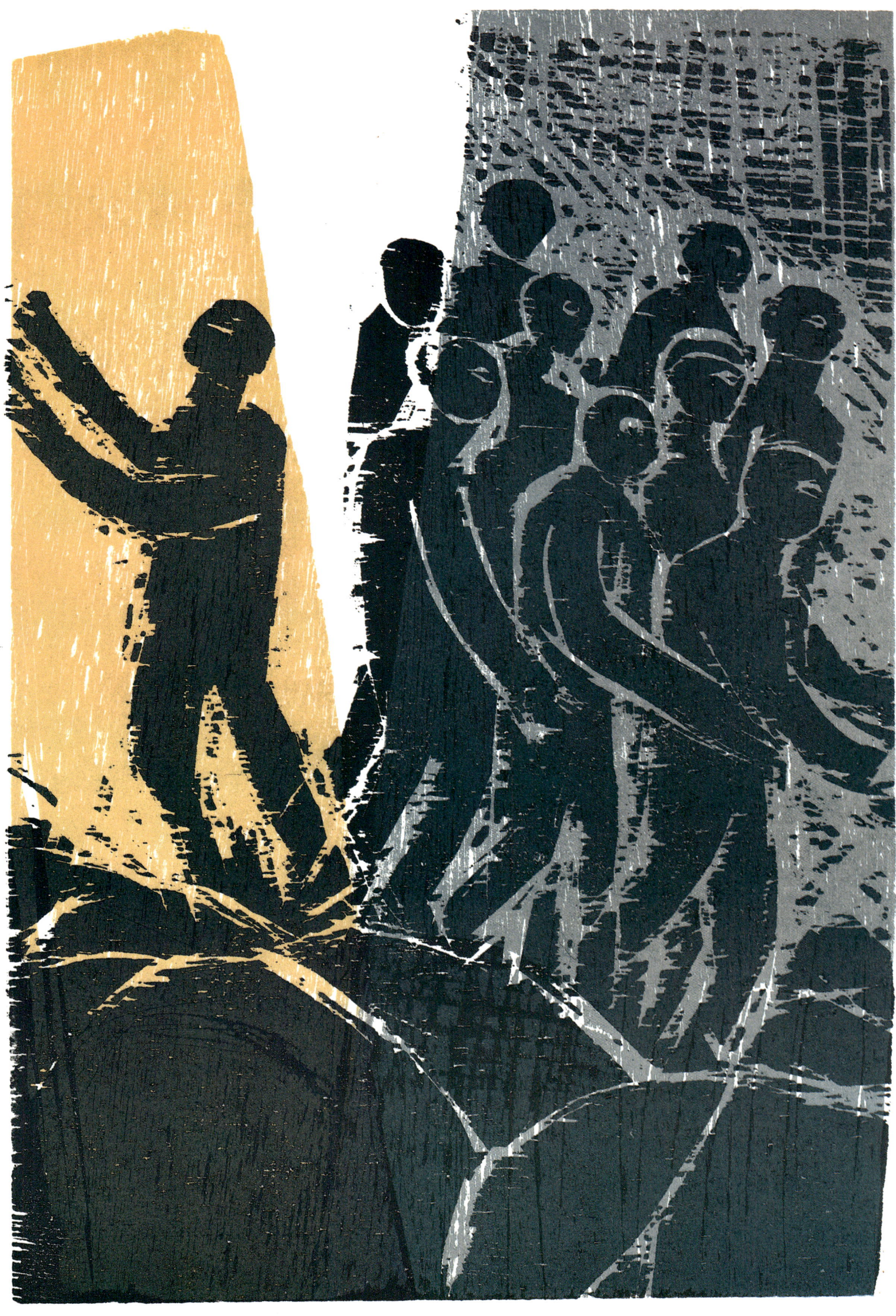

LASS DIR HELFEN

Wie tief hat man dich wohl verletzt,
daß du so hart geworden bist?
Wie oft hat man dich wohl versetzt,
daß du jetzt jede Freundschaft fliehst?
Und wie enttäuscht mußt du wohl sein,
daß du schon nicht mehr träumen magst –
wie taub dein Mund vom Hilfeschrein,
daß du dich nicht mal mehr beklagst?

Laß dir helfen.
Du schaffst die Bitterkeiten in dir
nicht allein vor die Tür.

Du kennst den Rat vom hohen Roß,
das Mitleid, das so schnell erlahmt,
den flinken Helfer, der dir bloß
neugierig in der Seele kramt.
Und was du hattest an Vertraun,
das liegt verschüttet um dich her.
Jetzt darf kein Mensch mehr in dich schaun –
du trinkst allein dein Leben leer.

Laß dir helfen,
damit dein Stolz nicht noch mehr an dir zehrt
und dich langsam zerstört.

Als Gott dich schuf, da machte er
dich nicht als Insel, nicht als Stein.
Er schuf noch andre um dich her,
und er will selber bei dir sein.
Er will dir gerne helfen, und
schließt du dein Leben für ihn auf,
wirst du im Innersten gesund
und bringst dann andere darauf:

Laß dir helfen.
Du siehst nicht glücklich aus so allein,
doch du könntest es sein.

Hört – hört ihr nicht die Lieder um euch her?
Hört – ihre Worte rauschen wie ein Meer.
Lieder kommen, Lieder gehn.
Von dem Liedertreiben wird nur eines bleiben:

> Singt das Lied der Lieder von dem Herrn der Herren.
> Gebt ihm eure schönsten Melodien.
> Singt es immer wieder, spielt es ihm zu Ehren.
> Gebt das Beste, was ihr habt, für ihn.

Seht – seht doch, daß Gott euer Bestes will.
Seht – was er selbst zuerst euch gab, ist viel:
Christus starb, damit ihr lebt.
Ihn soll euer Singen zu den andern bringen.

> Singt das Lied der Lieder von dem Herrn der Herren.
> Gebt ihm eure schönsten Melodien.
> Singt es immer wieder, spielt es ihm zu Ehren.
> Gebt das Beste, was ihr habt, für ihn.

Spürt, wie das Lied von vielen Stimmen lebt.
Spürt, wie uns Gott ganz eng zusammenwebt.
Nah bei ihm sind wir uns nah,
hörn in Lied und Leben ihn den Ton angeben.

> Singt das Lied der Lieder von dem Herrn der Herren.
> Gebt ihm eure schönsten Melodien.
> Singt es immer wieder, spielt es ihm zu Ehren.
> Gebt das Beste, was ihr habt, für ihn.

Singt – singt es mit dem Wind, solang es geht.
Singt – singt es auch noch, wenn der Wind sich dreht.
Laßt die Herren dieser Welt
euch doch niemals zwingen, nur für sie zu singen.

> Singt das Lied der Lieder von dem Herrn der Herren.
> Gebt ihm eure schönsten Melodien.
> Singt es immer wieder, spielt es ihm zu Ehren.
> Gebt das Beste, was ihr habt, für ihn.

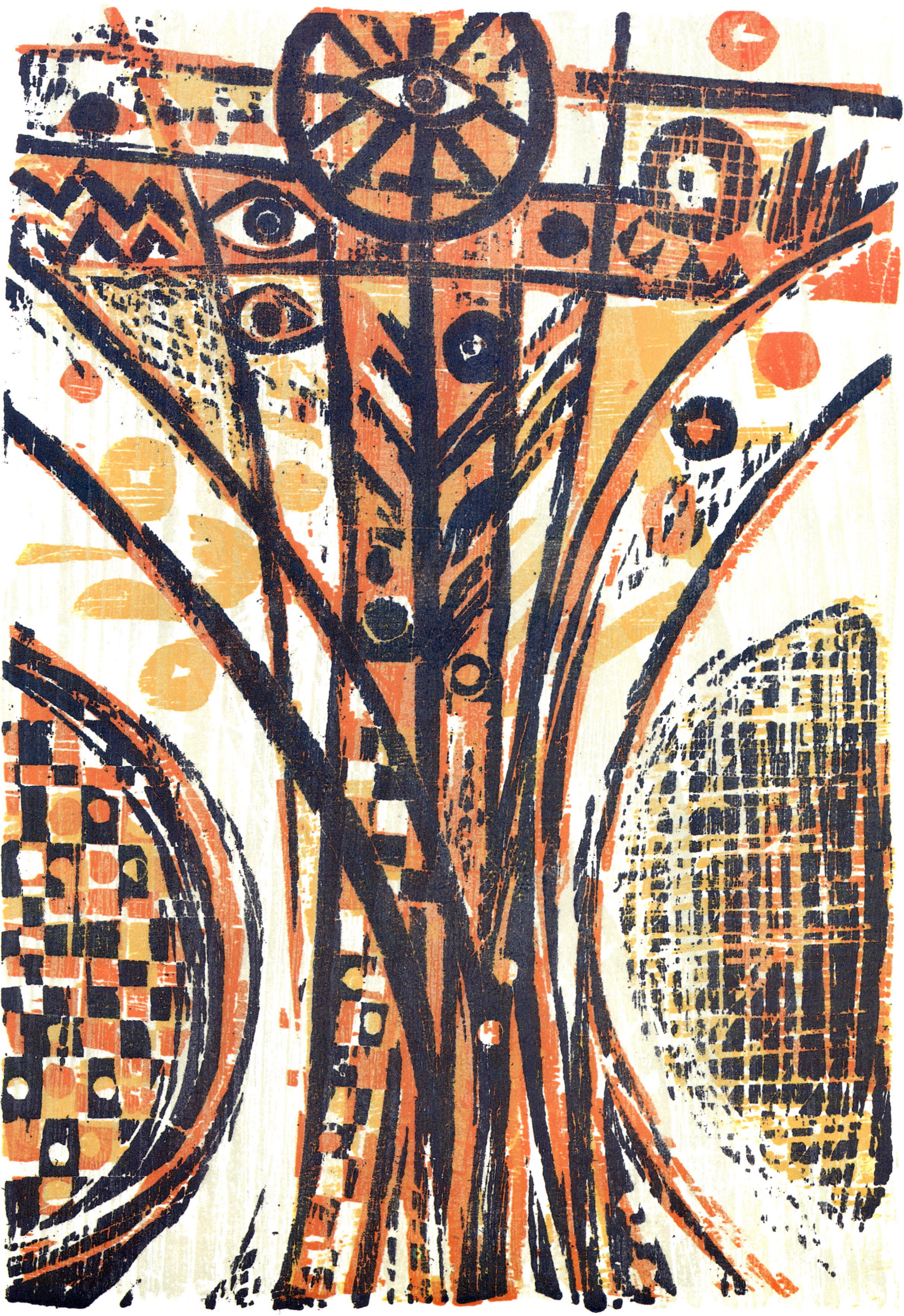

Sie lieben deine schnellen Beine;
um jeden deiner Pässe reißt man sich.
Sie lieben deine scharfen Schüsse, deine Tore –
doch wer liebt dich?
Sie lieben deinen Monatsersten
und im Lokal die Runden abendlich.
Dein Geld hat viele treue Freunde, solang es da ist –
doch wer liebt dich?

Wer liebt dich nach Abzug deiner Stärken?
Wer liebt dich, auch wenn du nicht mehr funktionierst?
Wer jubelt einfach, weil du da bist,
seis auch nur als stummer Gast,
wer fragt nicht erst, was du weißt
und was du kannst und was du hast?
Wer liebt dich?

Sie lieben deine gute Laune,
bei deinen Witzen biegt die Menge sich.
Bei jedem Fest sind sie willkommen, deine Sprüche –
doch wer liebt dich?
An dir liebt man die schönen Augen,
und deinen Teint nennt man untadelig.
Dein Aussehn erntet viele Blicke und Komplimente –
doch wer liebt dich?

Sie schätzen deine Sicht der Dinge,
und was du sagst, hält man für wesentlich.
Sie rechnen fest mit deinem Wissen und deinen Schlüssen –
doch wer liebt dich?
Sie kennen deine Melodien,
und deine Lieder singt man inniglich.
Sie freuen sich an deiner Stimme und deinen Tönen –
doch wer liebt dich?

Und hast du eine oder einen,
der hinter deine besten Seiten sieht
und der noch liebt, was er da findet, dann freu dich drüber –
ich freu mich mit.
Und danke Gott für solche Menschen;
an ihnen merkst du, wie er selber ist.
Er läßt dich seine Liebe spüren, gerade dann, wenn du
am Boden bist.

Gott hat dich lange schon ins Herz geschlossen,
auch wenn du ihm nichts vorzuweisen hast.
Lud nicht sein Sohn sich deine Schulden auf,
und starb er nicht daran?
Lädt er nicht die Armen ein,
damit er sie beschenken kann?
Er liebt dich.

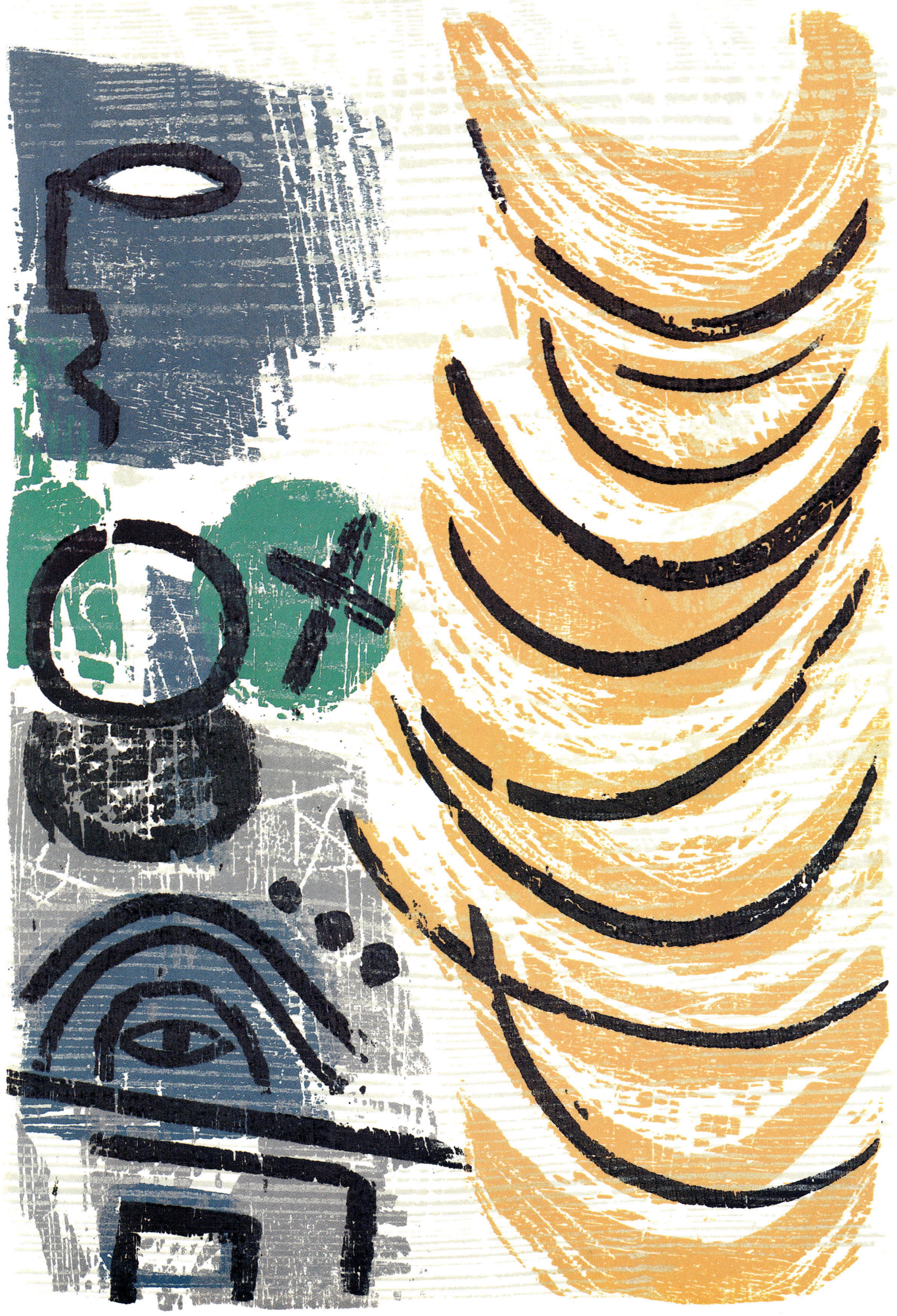

ABER LIEBE . . .

Haß macht blind,
aber Liebe
Haß macht taub,
aber Liebe
Haß macht alt,
aber Liebe
Und Liebe kommt von Gott.

Neid macht hohl,
aber Liebe
Neid macht lahm,
aber Liebe
Neid macht krank,
aber Liebe
Und Liebe kommt von Gott.

Geiz macht hart,
aber Liebe
Geiz macht krumm,
aber Liebe
Geiz macht arm,
aber Liebe
Und Liebe kommt von Gott.

SIND WIR NOCH ZU RETTEN?

Die Reise ging munter voran,
und auch das Wetter ließ sich gut an.
Über Wellenberg und durch Wellental
trug er uns, der alte Kahn.
Doch sind diese Tage gezählt;
das Barometer zeigt Sturm, und es fällt.
Und wir ahnen, daß dieses alte Schiff
nicht mehr lang zusammenhält.

> Sind wir noch zu retten?
> Sind wir noch zu retten?
> Wo geht es entlang?
> Sind wir schon am Ende,
> oder kommt die Wende
> vor dem Untergang?

Die einen tanzen fröhlich an Deck;
wenn es ferne blitzt, schauen sie weg.
Und die andern schleichen sich ängstlich fort –
jeder sucht sich sein Versteck.
Es findet manchmal einer ein Leck.
Der wird getröstet; man sagt ihm nur keck:
Wenn man noch ein Loch gleich daneben bohrt,
läuft das Wasser wieder weg.

> Sind wir noch zu retten?
> Sind wir noch zu retten?
> Wo geht es entlang?
> Sind wir schon am Ende,
> oder kommt die Wende
> vor dem Untergang?

Es gibt noch einen, der müßte jetzt her.
Der kennt den Wind, das Schiff und das Meer;
denn er schuf das Schiff, und er kennt den Kurs –
wenn uns einer hilft, dann er.

Doch schon beginnen alle zu schrein.
Auf ihn zu hören gilt nicht als fein,
denn wir wollen ja alle selber stark
und allein am Ruder sein.

Lassen wir uns retten?
Lassen wir uns retten?
Holt er uns heraus?
Legen wir die Wende
ganz in seine Hände?
Bringt er uns nach Haus?

Lassen wir uns retten!
Lassen wir uns retten,
holt er uns heraus.
Legen wir die Wende
ganz in seine Hände,
bringt er uns nach Haus.

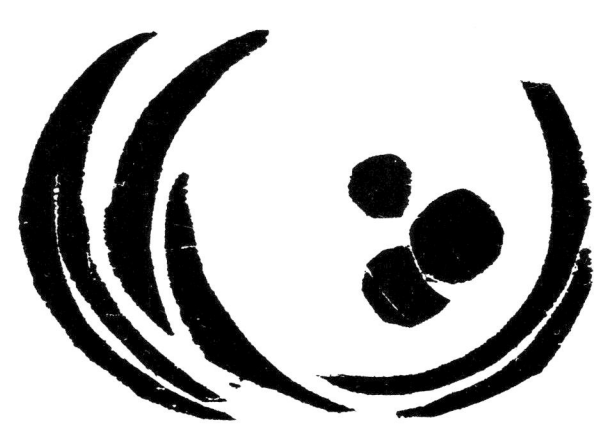

ALLE SCHAUEN AUF DAS GROSSE TOR

Alle schauen auf das große Tor,
denn wenn er kommt, dann kommt er sicher hier.
Nur die Dummen und die Armen stehn
verloren an der Hintertür.
Große Leute gehn durchs große Tor,
sehn keine kleinen Leute mehr.
Gott kommt nicht zur Welt durchs große Tor –
durch die Hintertür kommt er.

Keiner vorne an dem großen Tor
glaubt, daß der reiche Gott so arm sein kann
wie ein Kind in einem kalten Stall.
Doch Gott kommt bei den Armen an.
Große Leute gehn durchs große Tor,
sehn keine kleinen Leute mehr.
Gott kommt nicht zur Welt durchs große Tor –
als ein kleines Kind kommt er.

Gottes Reich ist nicht von dieser Welt,
und er kehrt alle unsre Maße um:
Arm ist reich, und reich ist plötzlich arm.
Dumm ist klug, und klug ist dumm.
Kleine Leute gehn durch Gottes Tor,
und große Leute werden klein.
Kommt, wir gehen zu dem Kind im Stall –
nur wer klein ist, paßt hinein.

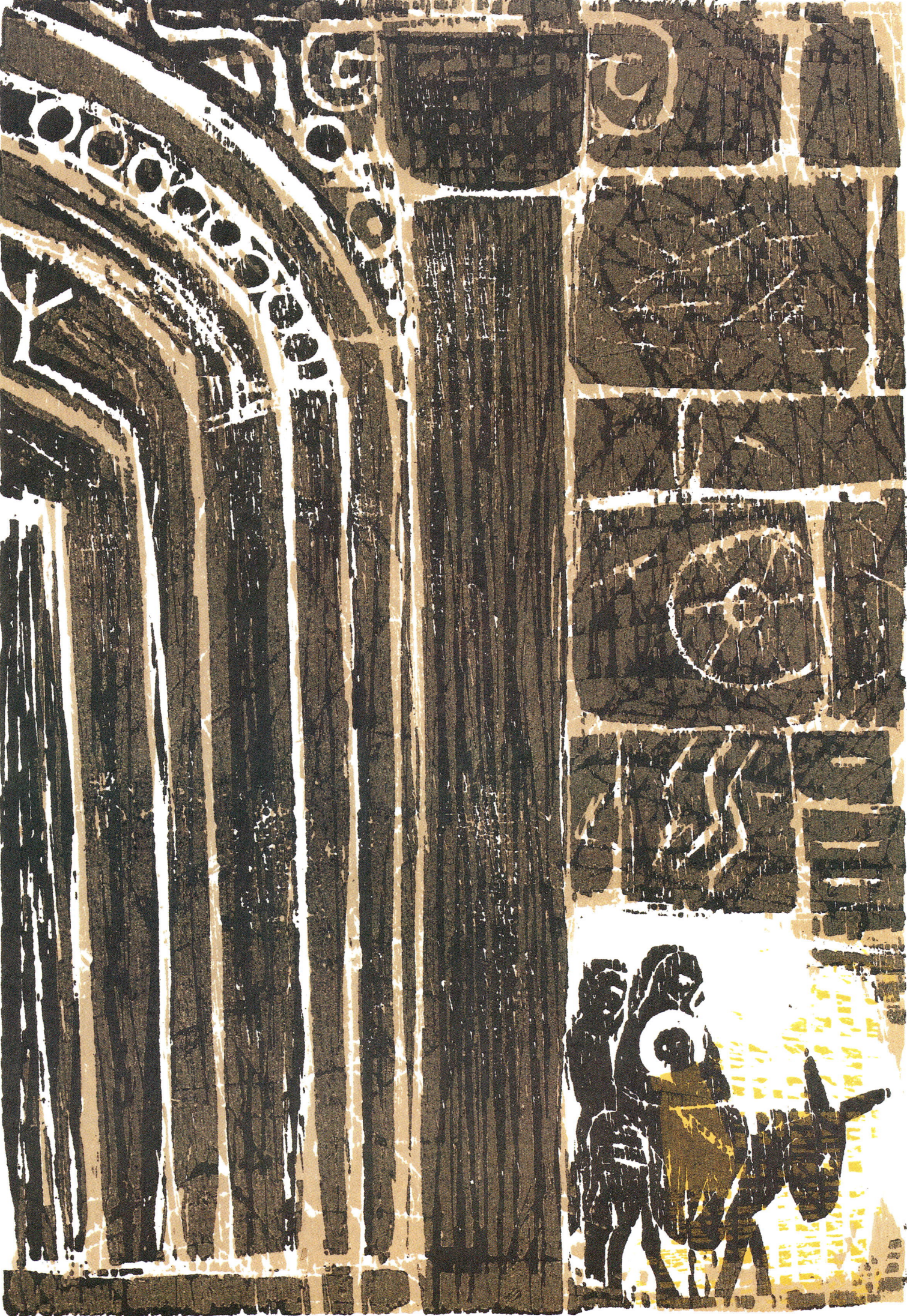

Und wieder ist einer von uns fortgegangen
und kommt nicht zurück.
Wir stehen und beißen uns stumm auf die Lippen
und bluten ein Stück.
Wir werden ganz sicher erst später begreifen,
was das für uns heißt,
an wievielen Stellen sein Sterben das Netz
unsres Lebens zerreißt.

Doch wo bleibt die bleierne Trauer,
die sonst oft der Tod auf uns legt?
Es fühlt sich schon fast an wie Freude,
was unter den Wunden sich regt.

Er hatte in unseren Träumen und Plänen
ganz fest seinen Platz.
Wie geht es nun weiter? Wir spüren: für ihn gibt
es keinen Ersatz.
Wir hatten noch vor, ihn so vieles zu fragen
aus früherer Zeit,
was er nur noch wußte. Und jetzt weiß kein Mensch mehr
darüber Bescheid.

Es wird uns jetzt mancher für gleichgültig halten,
für herzlos und kühl.
Für jeden, der unsere Hoffnung nicht teilt,
sind wir ohne Gefühl.
Doch warum verzweifeln, wenn heute für ihn nur
die Freude anfing,
wenn er, dessen Leben hier Christus gehörte,
im Tod zu ihm ging?

Und weil auf der Erde für ihn schon
das ewige Leben anbrach,
schaun wir ihm als einem von uns, der
ganz einfach nach Hause ging, nach.

Seit ein paar Stunden grüble ich jetzt schon und frage mich:
Was hat der nette Mensch gemeint, vorhin?
Ich sang und spielte einfach ein paar Lieder, bis er sich
am Hinterkopfe kratzte und am Kinn.
Daß einer ungeniert von seinem Glauben sprach,
das hatte er bisher wohl nicht gekannt.
So lachte er verlegen und hat mich danach
einen komischen Vogel genannt.

Für einen Adler fehlt mir jeder Funke Majestät;
für einen Spatzen bin ich viel zu brav.
Für einen Hahn beginnt mein Morgen meistens viel zu spät,
weil ich zu gut und gern und lange schlaf.
Als Möve störte mich das viele Öl im Meer,
als Storch das lange Stehn auf einem Bein.
Für einen Kuckuck liebe ich mein Nest zu sehr –
ich werd wohl ein Kreuzschnabel sein.

Ein glatter halber Meter Hals fehlt mir zu einem Schwan,
und noch viel mehr fehlt mir zu einem Star.
Da wär ich sicherlich viel lieber noch ein Pelikan,
und auch als Buchfink käme ich wohl klar.
Ich hab vom Falken wenig, von der Taube viel,
und hab vom Kauz noch manches obendrein;
doch soll ich sagen, was ich bin und bleiben will,
wird es wohl ein Kreuzschnabel sein.

Nicht der Legende wegen, die man um den Schnabel spann,
nicht weil ich kreuz und quer gesungen hab.
Nein, einfach, weil ich nicht vom Kreuz den Schnabel halten kann
und von dem Mann, der dort sein Leben gab.
Solange Menschen ohne seine Hilfe sind
und um mich her noch nach Erlösung schrein,
sing ich davon, wie man am Kreuz von vorn beginnt –
ich werd wohl ein Kreuzschnabel sein.

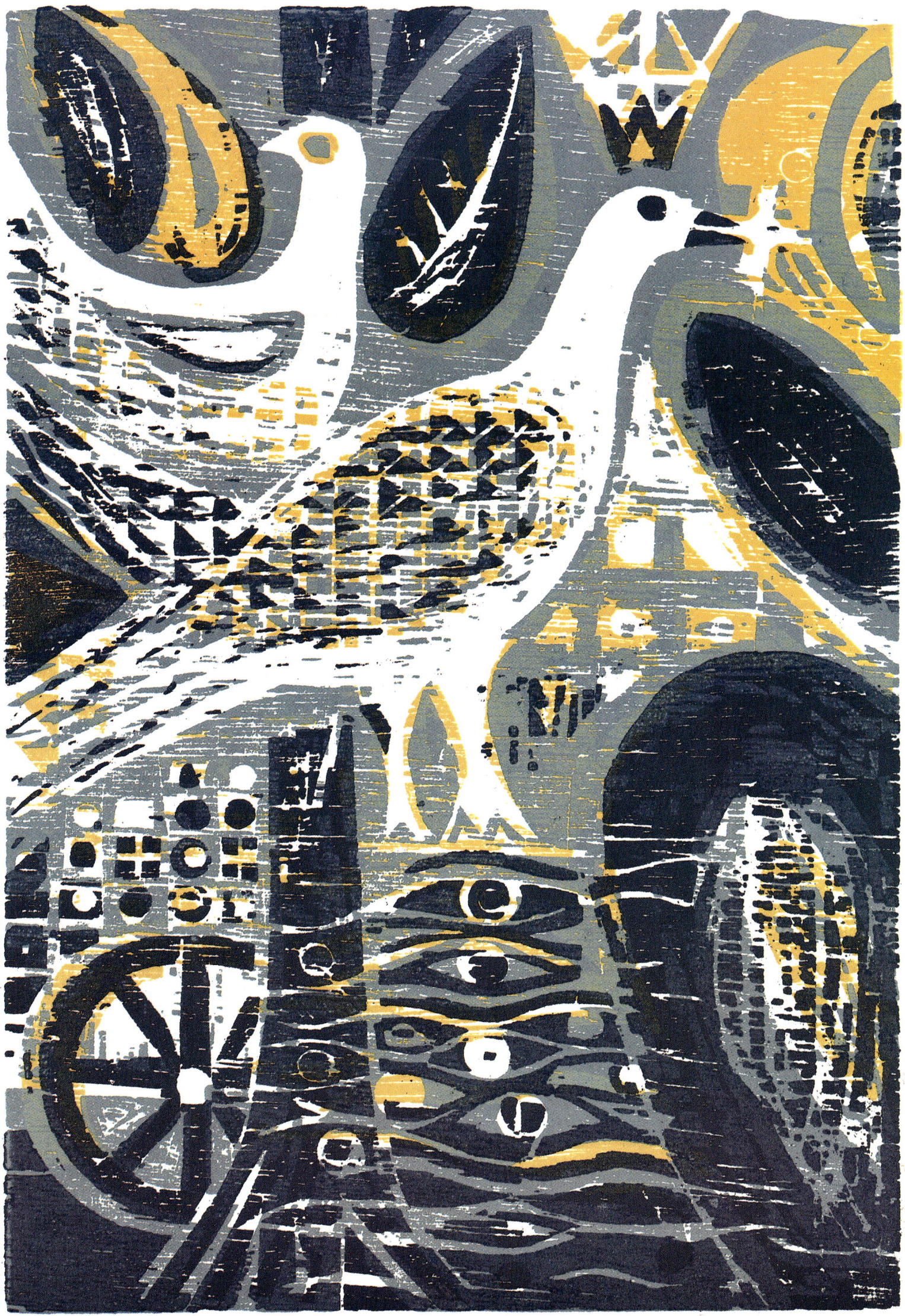

Bilder mit alten vertrauten Gestalten,
und du stehst dabei als Kind.
Bilder, die quälen – sie lassen dich zählen,
wo all deine Jahre sind.
Die Zeit ist verflogen, nahm dich mit; jetzt bist du hier.
Vom Leben das Beste liegt nun auch schon hinter dir.
Und ohne Erbarmen schreitet deine Zeit voran:
Heute fängt der Rest deines Lebens an.

Lag nicht dein Leben am Anfang so eben
vor dir wie ein weites Land?
Jetzt wird es enger, dein Schatten wird länger,
du ahnst eine letzte Wand.
Die Zeit muß sich lohnen, die du jetzt noch vor dir hast.
Du fragst immer wieder, ob du irgendwas verpaßt.
Du treibst dich zur Eile, doch das ändert nichts daran:
Heute fängt der Rest deines Lebens an.

Noch kannst du hoffen, noch steht es dir offen,
mit Gott deinen Weg zu gehn.
Er nimmt dir viele vergängliche Ziele
und läßt dich ins Weite sehn.
Sie ist nicht verloren, die mit Gott gelebte Zeit.
Von ihm gesäte Jahre wachsen in die Ewigkeit.
Laß ihn in dir leben. Laß es heut geschehn, und dann
fängt für dich das Beste vom Leben an.

ÜBERALL HAT GOTT SEINE LEUTE

Komm heraus aus deiner Ecke;
schau dich um, und dann entdecke,
daß noch andre Gottes Wege gehn,
die ihn lieben, die ihn ehren,
mit ihm reden, auf ihn hören,
sich von ihm gebrauchen lassen, wo sie stehn.

> Überall, überall
> hat Gott seine Leute.
> Freu dich doch daran!
> Überall, überall
> zündet er sich seine Lichter an.

Mancher findet Gottes Leute
nicht, wo er sich auf sie freute,
doch sie sind ihm sicher gar nicht fern;
manchmal nicht in großen Zahlen,
manchmal nicht in Kathedralen,
aber immer in der Nähe ihres Herrn.

> Überall, überall
> hat Gott seine Leute.
> Freu dich doch daran!
> Überall, überall
> zündet er sich seine Lichter an.

Geh nach Westen, geh nach Osten,
geh zu den verlornen Posten,
und du siehst: Gott läßt sie nicht allein.
Geh nach Norden, geh nach Süden –
sie sind wunderbar verschieden,
doch im Glauben können sie sich einig sein.

> Überall, überall
> hat Gott seine Leute.
> Freu dich doch daran!
> Überall, überall
> zündet er sich seine Lichter an.

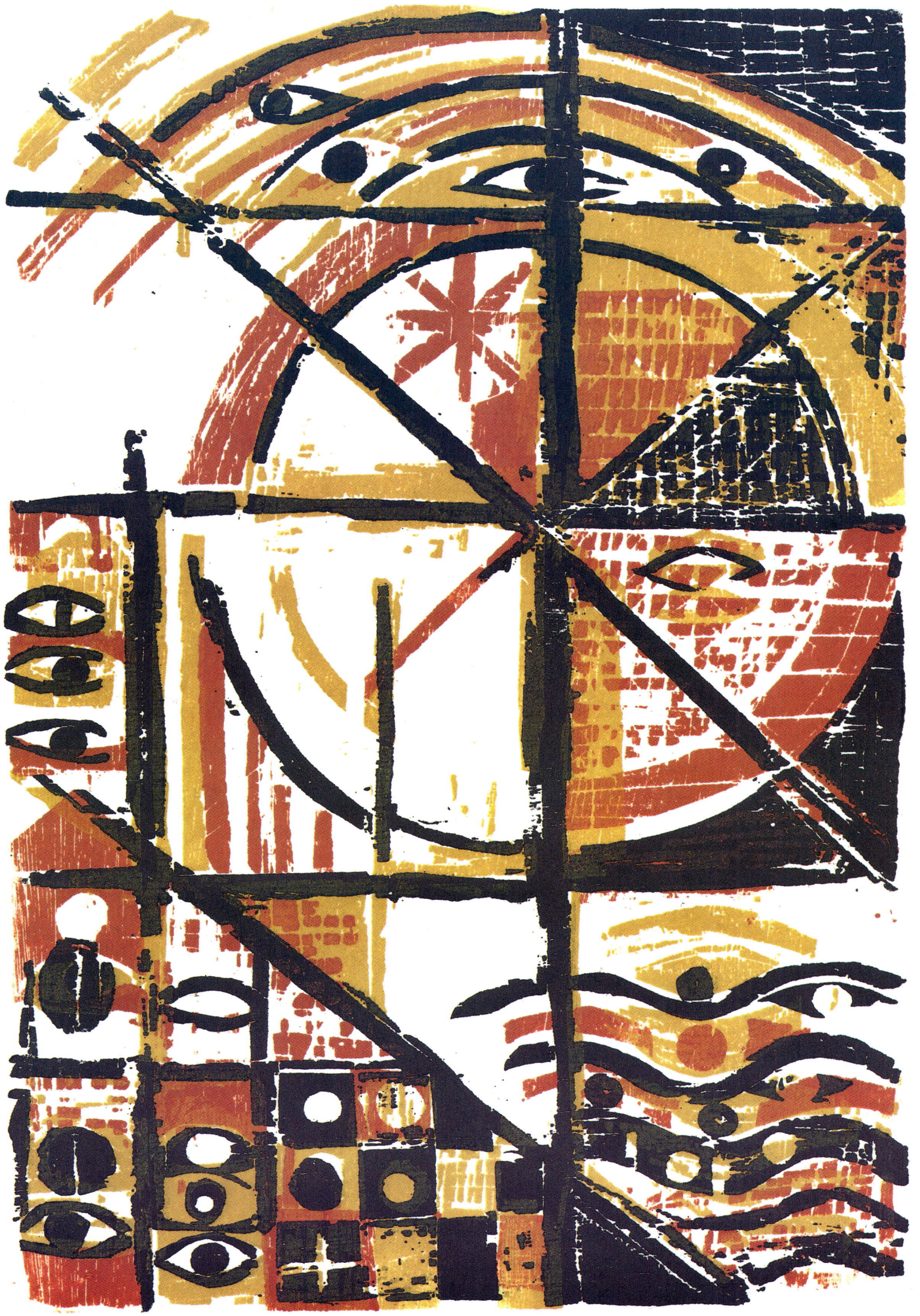

3

HÄTTEST DU SO DIE WELT GELIEBT

Hättest du so die Welt geliebt
wie wir und unseresgleichen –
du hättest Güter angeschafft,
hättest geplant, gekauft, gerafft,
hättest besessen, was es gibt,
als einer von den Reichen.

Hättest du so nach Macht gestrebt
wie wir und unseresgleichen –
du hättest Heere angeführt,
hättest gewühlt und Haß geschürt,
hättest als starker Mann gelebt
auf einem Weg voll Leichen.

Und wir – Jesus, wir säßen hier
und pflegten wehmutsvoll dein Grab;
und ohne Hoffnung fragten wir,
warum es dich nur damals gab.
Und wir – Jesus, wir suchten noch
den einen Weg zu Gott zurück.
Im Herzen bliebe uns ein Loch
und Dunkelheit in unserem Blick.

Hättest du so nach Ruhm gefragt
wie wir und unseresgleichen –
du hättest dich nach vorn gedrängt,
die Fahne in den Wind gehängt
und wärst gestorben, hochbetagt,
mit allen Ehrenzeichen.

Und wir – Jesus, wir säßen hier
und pflegten wehmutsvoll dein Grab;
und ohne Hoffnung fragten wir,
warum es dich nur damals gab.

Und wir – Jesus, wir suchten noch
den einen Weg zu Gott zurück.
Im Herzen bliebe uns ein Loch
und Dunkelheit in unserem Blick.

Du gabst dein Leben aus der Hand
für uns und unseresgleichen.
Du hast nicht das gemacht aus dir,
was wir uns wünschten, doch dafür
hast du den Weg zu Gott gebahnt,
den wir sonst nie erreichen.

Und du – Jesus, du bist noch hier;
dich hielten Welt und Grab nicht fest,
und voller Staunen sehen wir,
daß du uns mit dir leben läßt.
Denn du tauchst unsern Blick ins Licht;
du füllst das Loch im Herzen aus
und gehst, wie uns dein Wort verspricht,
mit uns in diese Welt hinaus.

Manchmal wünsch ich mir

Manchmal wünsch ich mir,
ich wär damals mit dir durch die Lande gezogen,
hätte selber von nahem gesehn,
wie im Auge des Blinden das Sonnenlicht tanzte,
wie ein Lahmer es schaffte zu gehn.
Manchmal wünsch ich mir,
ich hätt mit in der Menge der Satten gesessen,
Brot und Fisch dankend weitergereicht,
hätte Tote erlebt, die durch dein Wort erwachten,
und mit ihnen geredet, vielleicht.

Ob das Glauben dann leichter wär
und das Reden mit dir im Gebet?
Ob es leichter wär, dir zu folgen,
wohin es auch geht?

Manchmal wünsch ich mir,
ich hätt bei dir gestanden, gehört, wie du lehrtest,
und dir all meine Fragen gestellt –
und du hättest mich bis in die Tiefe verstanden,
mir in Liebe gesagt, was mir fehlt.
Manchmal wünsch ich mir,
ich wär einer von denen gewesen, die kamen
mit den Ketten um Herz und Verstand;
und ich hätte gefühlt, wie die Ketten zerbrachen,
wie die Enge und Angst vor dir schwand.

Ob das Glauben dann leichter wär?

Doch dann denk ich dran,
wie die Zwölf dich verließen und alle die andern,
die dich hörten und fühlten und sahn –
wie sie rannten und schworen, daß sie dich nicht kannten,
als dein Leiden und Sterben begann.
Nein, es ist wohl mehr,
was uns fortzieht von dir oder fest an dich bindet –
mehr als Rechnen und Prüfen und Schaun;
und es kostet nicht weniger als unsern Willen,
unser Leben dir anzuvertraun.

Und so geb ich mein Leben dir.
Zeige du mir, wohin es geht,
und hilf du dann selbst meinem Glauben
und meinem Gebet.

WIRST DU MICH AUCH DANN NOCH HÖREN?

Wirst du mich auch dann noch hören,
wenn ich eilig bin
und im Laufen dir nur flüsternd danke sag?
Hörst du die Bitten in der Tür,
wenn ich noch zitter vor dem Tag?
Wirst du mich noch hören,
wenn ich eilig bin?

Wirst du mich auch dann noch hören,
wenn ich müde bin,
wenn Gedanken in mir taumeln und sich drehn?
Wird das letzte Wort, das dich noch sucht,
nicht schon im Traum verwehn?
Wirst du mich noch hören,
wenn ich müde bin?

Jetzt sing ich Lieder
und hab Zeit für dich ganz allein,
doch bald schon wieder
holen Lärm und Leute mich ein.
Klingt dann mein Lob nicht zu schlecht?
Ist auch ein kleiner Dank dir noch recht?
Hörst du selbst das,
was ich zu sagen vergaß?

Während ich noch frage, weiß ich:
Herr, du hörst mir zu,
denn das alles hast du selbst ja mitgemacht,
und du kennst den vollen Tag
und kennst die lange, müde Nacht.
Wenn mich irgendeiner hören wird, dann du.
Wenn mich irgendeiner hören kann, dann du.
Wenn mich irgendeiner hören will, dann du.

Herr, ich bitte dich für jenen,
der noch nichts wissen will von dir;
den ich schon aufgegeben hab,
weil er dir nie sein Leben gab.

Und Herr, ich bitte dich für jeden,
der an dir zweifelt, bis es schmerzt;
der deine Hand nicht fassen kann
und dich doch auch nicht lassen kann.

Ach Herr, daß sie dich endlich finden,
dich, der das Leben selber ist.
Ach Herr, könnten sie nur sehn,
wie gut du bist.

Herr, für alle, die sich quälen,
damit du ihnen gnädig seist;
die stöhnen unter ihrer Last,
die du doch längst getragen hast.

Ach Herr, wie können sie dich finden?
Zeig du mir meinen Teil dabei,
und dann zieh sie selbst zu dir
und mach sie frei.

Du willst nicht, daß einer je verloren geht.

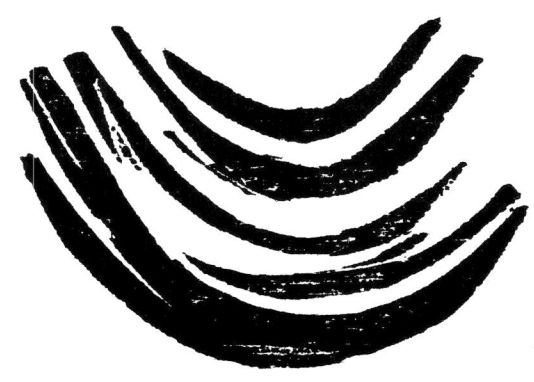

Es ist gut,
an deinem Tisch
zusammen zu sein.
Es ist gut,
dir zu begegnen
in Brot und in Wein.

Doch einmal werden wir dann
vor dir selber stehn,
dich mit unsern Augen statt mit
unsern Herzen sehn.

Es ist gut,
an deinem Tisch
zusammen zu sein.
Es ist gut,
dir zu begegnen
in Brot und in Wein.

Und wenn wir endlich da sind,
wo du jetzt schon bist,
werden wir uns freun, weil du dann
mit uns trinkst und ißt.

Es ist gut,
an deinem Tisch
zusammen zu sein.
Es ist gut,
dir zu begegnen
in Brot und in Wein.

Und müssen wir auch warten
bis zu deiner Zeit,
schmecken wir doch hier und heut schon
deine Freundlichkeit.

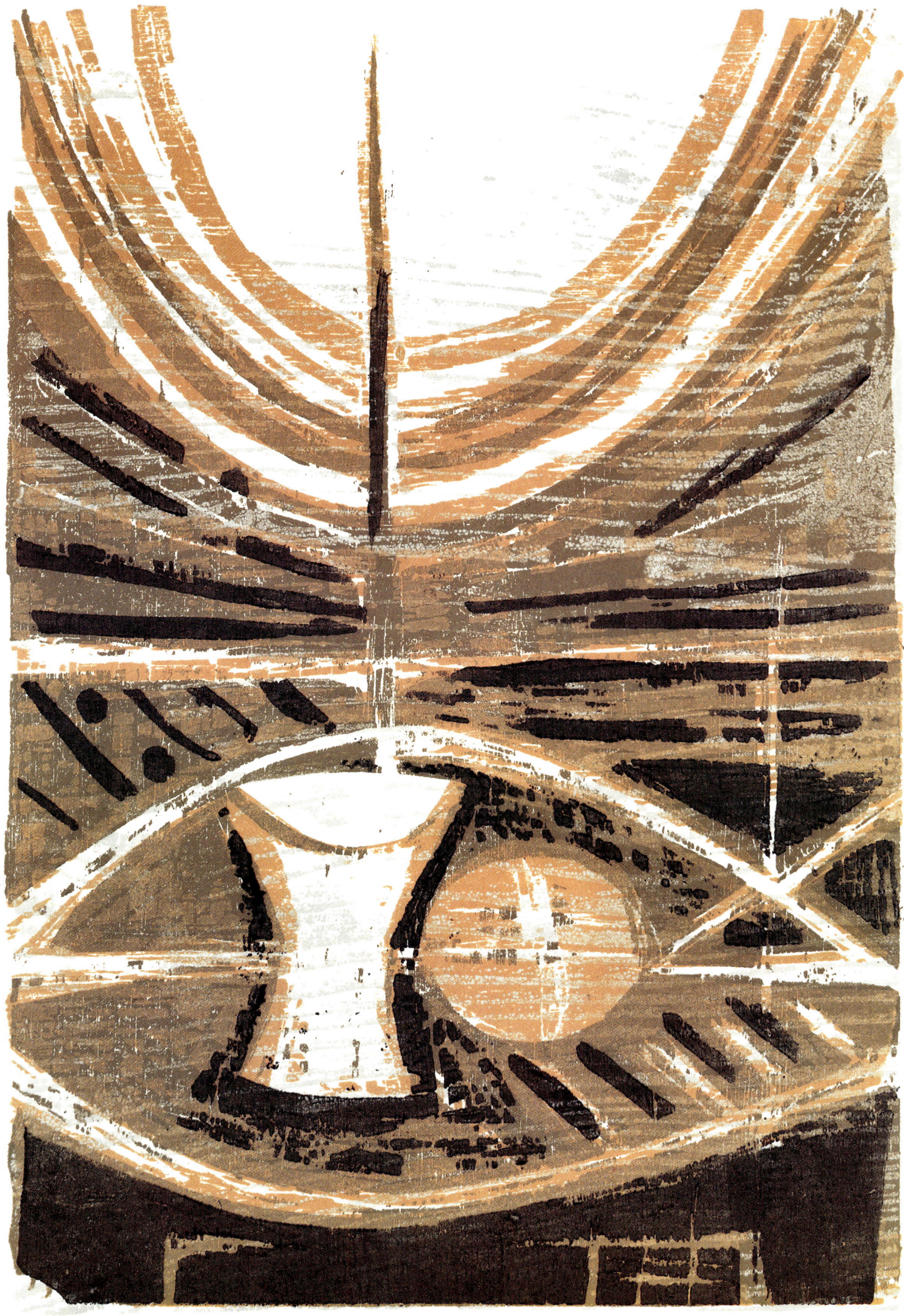

DU, JESUS

Wenn einer sich erinnern kann, daß ich ihm mal
mit irgendwas geholfen hab
in auswegloser Lage –
vielleicht ein gutes Wort für ihn gesagt, vielleicht
auch einen guten Rat gewußt
bei einer schweren Frage,
dann kann man wohl verstehen,
daß so ein Mann
sich mal irgendwann
Gedanken macht, wie er mir helfen kann.

Du, Jesus,
bist nicht so wie wir.
Dir sind nicht nur deine Freunde lieb;
du liebst auch deine Feinde,
lädst sie ein zu dir.

Wenn einer wenig mehr von mir erfahren hat
als Mißtraun, Undank, Widerspruch,
wo er mein Bestes wollte;
wenn ich den Rat, den er mir gab, mit Füßen trat
und seine Hand zur Seite schlug,
die mir nur helfen sollte,
dann kann man wohl verstehen,
daß so ein Mann
sich mal irgendwann
Gedanken macht, wie er mich kränken kann.

Du, Jesus,
bist nicht so wie wir.
Dir sind nicht nur deine Freunde lieb;
du liebst auch deine Feinde,
lädst sie ein zu dir.
Wir, Jesus,
sind nicht so wie du.
Doch wir möchten gern so denken,
uns an andre so verschenken.
Gib uns Kraft dazu.

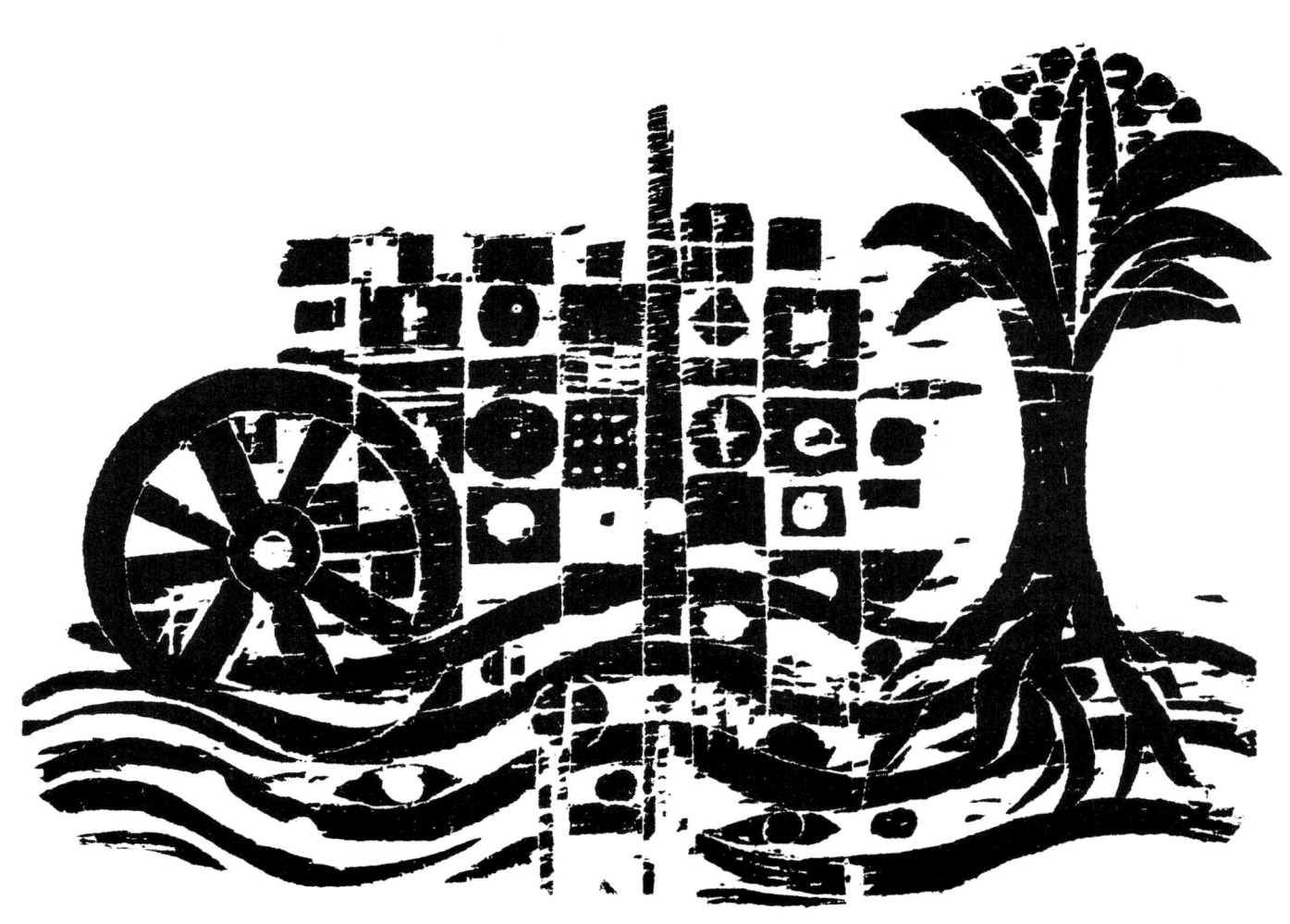

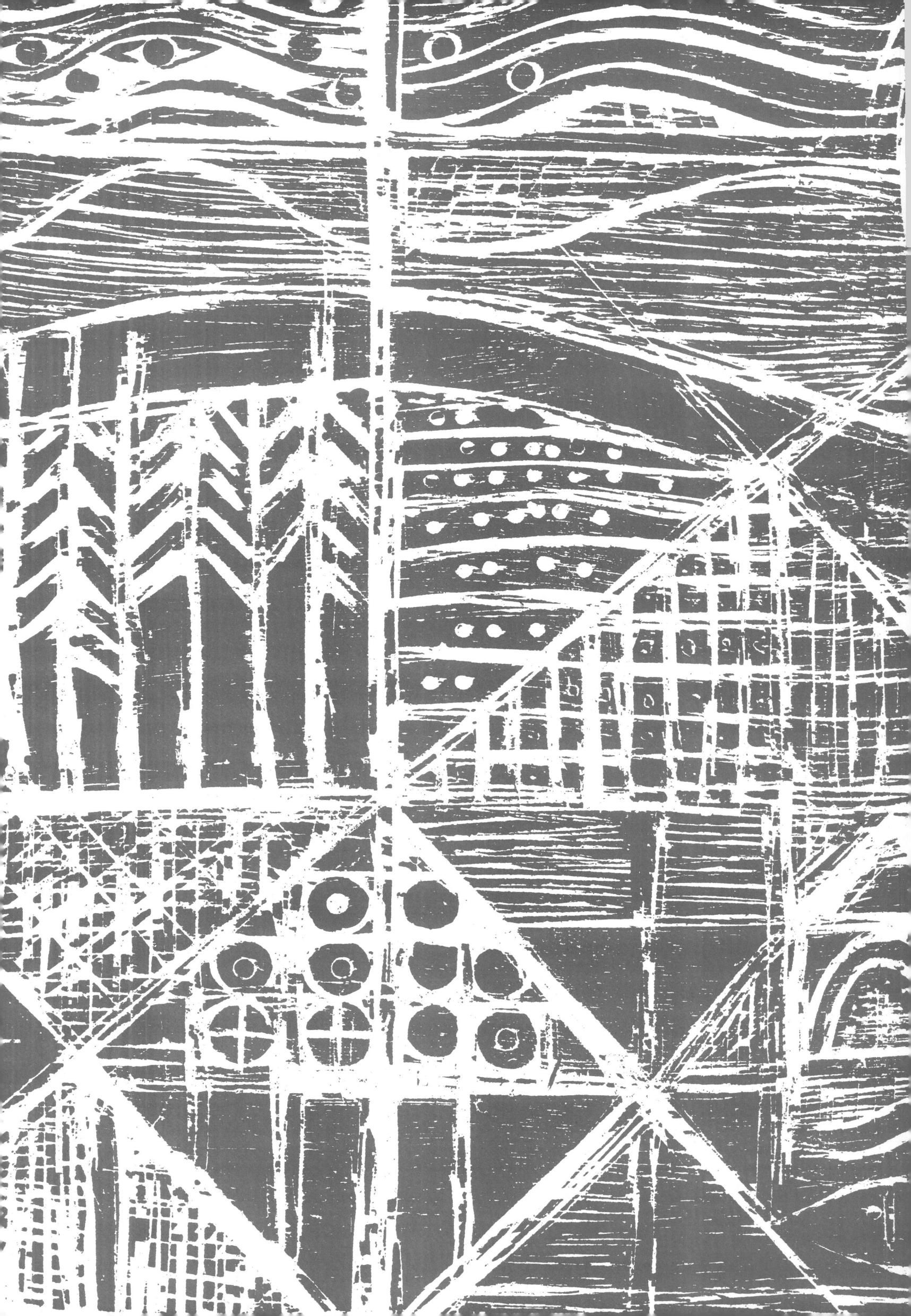